INHALT

KARINA SCHMIDT

LIEBE LESERINNEN UND LESER,

was gibt es Köstlicheres als ein Stück Kuchen? Ob als kleiner Aufheller in der Pause, beim gemütlichen Kaffeeklatsch mit den Freunden oder bei einem Geburtstag. Doch meistens kann man gerade mal ein Stück essen und für die restlichen leckeren Backkunstwerke ist kein Platz mehr.

Cake-Pops sind hier genau das Richtige. Die kleinen Kuchen sind nicht nur schön zum Anschauen, sondern sie schmecken auch noch gut und dank ihrer Größe können mehr wie nur einer probiert werden. Auf den folgenden Seiten finden Sie zunächst eine ausführliche Einführung in die Teigarten und Verzierungen. Anschließend können Sie verschiedene Rezepte entdecken, von dekorativen Cake-Pops bis hin zu tollen Figuren.

Ich wünsche Ihnen viel Spaß beim Nachbacken und Naschen!

HILFSMITTEL UND ZUTATEN

PINSEL

Pinsel helfen beim Auftragen von zarten Linien

RÜHRGERÄT

zum Vermengen des Teiges

WAAGE

Mit der Waage werden die Zutaten abgewogen

PINZETTE

Mit einer Pinzette werden kleine Zuckerperlen aufgesetzt

MATERIAL

TEIG

Aus Kuchenbröseln, Frisch-
käse und Butter entsteht ein
Cake-Pop Teig.
Aus Mehl, Zucker, Butter und
Eier gebackene Cake-Pops.

SCHMELZTROPS

Schmelzdrops oder Kuvertüre
werden zum Glasieren und
Verzieren verwendet

GRUNDREZEPTE

GRUNDANLEITUNG TEIGE

SIEHE **SPICKZETTEL**

KLASSISCHER CAKE-POP-GRUNDTEIG ZUM FORMEN

Zutaten für 16 bis 20 Stück
250 g Rührkuchen
25 g weiche Butter
30 g Frischkäse
auf Wunsch 25 g Puderzucker

1 Entfernen Sie zunächst vom Rührkuchen die Krusten und harten Ränder und wiegen anschließend 250 g ab. Zerkrümeln Sie den Kuchen sehr fein mit den Fingern. Sie können den Kuchen auch in zwei Hälften teilen und diese aneinander reiben. So entstehen sehr feine Brösel. **2** Verrühren Sie nun die Butter und den Frischkäse. Auf Wunsch können Sie noch Puderzucker unterrühren. Die Masse kann außerdem noch mit Aromen oder Likör geschmacklich verfeinert werden. **3** Nun den zerkrümelten Kuchen zugeben und mit der Butter-Frischkäsemasse vermischen. **4** Entnehmen Sie mit einem Esslöffel etwas Teig und formen Sie die gewünschte Form der Cake-Pops. Sie sollten nicht zu groß werden, da sie sonst eventuell zu schwer sind und die Cake-Pops später nicht auf den Stielen halten. Die Teigkugeln etwa 15 Minuten im Gefrierschrank anfrieren. Danach können sie weiter verarbeitet werden.

TIPP Nehmen Sie nie zu viele Cake-Pops aus dem Kühlschrank, um Sie zu bearbeiten. Liegen sie zu lang bei Raumtemperatur, werden sie weich und verformen sich leicht.

GRUNDANLEITUNG TEIGE

SIEHE **SPICKZETTEL**

CAKE-POP-GRUNDTEIG ZUM BACKEN

Zutaten für ca. 36 Stück
150 g weiche Butter
125 g Zucker
abgeriebene Schale von 1/2 Bio-Zitrone
Salz
3 Eier
150 g Mehl
1 TL Backpulver
auf Wunsch etwas Fett zum Einfetten der Form
Spritzbeutel

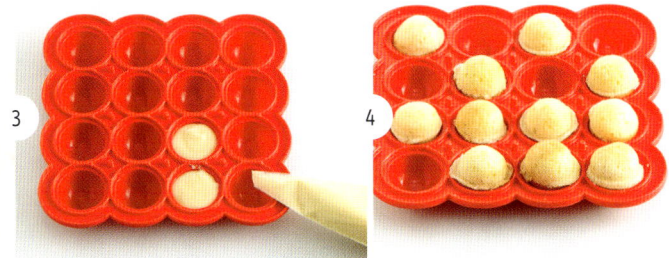

1 Den Backofen auf 180 °C Ober/Unterhitze vorheizen. **2** Rühren Sie für den Teig Butter, Zucker, Zitronen-
schale und 1 Prise Salz mit den Schneebesen des Rührgeräts auf höchster Stufe 5 Minuten cremig. Anschließend die Eier einzeln unterrühren. Mehl und Backpulver zugeben und mit einem Teigschaber unter die
Buttermasse heben. **3** Füllen Sie den Teig in einen Spritzbeutel (ersatzweise eine Plastiktüte nehmen und die
Spitze abschneiden) und die Cake-Pop-Mulden – auf Wunsch fetten – mit dem Teig befüllen. **4** Die Cake-Pops
ca. 12 bis 18 Minuten goldbraun backen, herausnehmen und abkühlen lassen. Wiederholen Sie den Vorgang,
bis der Teig aufgebraucht ist. Vor der Weiterverarbeitung die Kugeln auskühlen lassen.

CAKE-POP-STIELE BEFESTIGEN

CAKE-POP-STIELE BEFESTIGEN

1 Schmelzen Sie zunächst die Kuvertüre oder Schmelzdrops im Wasserbad. Verwenden Sie hier die Farbe, die auch als Grundfarbe des Cake-Pops verwendet wird.

2 Tauchen Sie den Stiel ca. 1-2 cm in die Farbe ein.

3 Stecken Sie nun den Stiel in den Cake-Pop. Wenn etwas Farbe noch am Stiel zu sehen ist, ist das nicht schlimm. Wenn die Schokolade getrocknet ist können Sie die überschüssige Kuvertüre mit einem Messer wegkratzen. **4** Stellen Sie den Cake-Pop in einen Styroporblock oder Blumensteckmoos (mit Alufolie eingewickelt). Geben Sie die Cake-Pops für ca. 30 Minuten zum Trocknen in den Kühlschrank.

2

2

3

CAKE-POPS GLASIEREN

CAKE-POPS GLASIEREN

1 Wenn der Stiel fest im Cake-Pop sitzt können Sie diesen mit der Grundfarbe glasieren. Hierfür nochmals die Glasur bzw. Schmelzdrops schmelzen.

2 Tauchen Sie den Cake-Pop komplett in die Glasur ein.

3 Drehen Sie den Cake-Pop ein wenig, sodass die komplette Form bedeckt ist.

4 Nehmen Sie den Cake-Pop aus der Glasur und klopfen Sie mit dem Stiel ein wenig gegen den Rand der Schüssel. So kann die überschüssige Glasur vom Cake-Pop abtropfen.

5 Stellen Sie den Cake-Pop wieder in einen Styroporblock oder Blumensteckmoos und warten Sie mit der Weiterverarbeitung bis die Glasur komplett getrocknet ist.

DEKORIERUNG UND WEITERVERARBEITUNG

RICHTIG DEKORIEREN

Es gibt verschiedene Möglichkeiten Cake-Pops zu dekorieren. Die wichtigsten Überzüge werden hier vorgestellt.

KUVERTÜRE

Eignet sich gut zum Überziehen von Cake-Pops. Kuvertüre in Zartbitter, Vollmilch, Halbbitter oder weiß und fertige Glasuren sind in allen Lebensmittelgeschäften im Backregal erhältlich. Gut portionierbar und einfach zu schmelzen sind Kuvertüre-Drops (siehe auch Schmelzdrops).

SCHMELZDROPS

Die Schmelzdrops aus gefärbter weißer Kuvertüre gibt es in Fachgeschäften für Backzubehör oder im Internet in verschiedenen Farben zu kaufen. Schmelzdrops werden wie Schokolade oder Kuvertüre über dem Wasserbad oder in der Mikrowelle bei 600 Watt mit etwas Kokosfett geschmolzen und eignen sich hervorragend zum Überziehen von Cake-Pops. Reste lassen sich problemlos erneut schmelzen. Am besten füllen Sie die Drops zum Schmelzen in ein Schraubglas mit einem Durchmesser von ca. 6 cm. So können Sie die Reste gut aufbewahren und direkt im Gefäß wieder schmelzen und die Cake-Pops eintauchen.

Wer sehr glatte, gleichmäßige Cake-Pops erhalten möchte, sollte die Cake-Pops zweimal glasieren, dadurch verschwinden Unebenheiten.

SPRITZGLASUR

Ein ganz frisches Eiweiß halbsteif schlagen. Dann 250 g Puderzucker unter Rühren nach und nach einrieseln lassen. Die Glasur in einen kleinen Gefrierbeutel füllen, ein winziges Loch einstechen und die Cake-Pops nach Belieben mit der Spritzglasur verzieren.

CAKE-POP VORBEREITUNG

Cake Pops lassen sich bis zu einem gewissen Punkt sehr gut vorbereiten. Sowohl bei der kalten Zubereitung als auch bei der gebackenen Variante können aus dem Teig die Kugeln oder Formen schon vorbereitet werden. Ebenso können sie schon an die Stiele mit Kuvertüre befestigt werden. Anschließend können sie eingefroren und bei Bedarf entnommen werden. Am besten ist es, wenn die Cake-Pops im Kühlschrank aufgetaut werden. Das dauert zwischen 4 bis 6 Stunden. Dann können sie wie im Rezept beschrieben weiter verarbeitet werden.

Werden die Cake-Pops vollständig dekoriert eingefroren bilden sich beim Auftauen Kondensationstropfen, die Glasur wird stumpf und die Cake-Pops sehen nicht sehr appetitlich aus.

DEKORATIV VERZIERT

ZARTE ORNAMENTE

dekorieren die Tafel

ZUTATEN
FÜR CA. 16 CAKE-POPS

- ► Nach dem Grundteig gebackene Cake-Pops
- ► 200 g Schmelzdrops in Gelb
- ► 2-3 EL Wasser oder Zitronensaft
- ► 200 g Puderzucker
- ► Kokosfett
- ► Essbarer Kleber
- ► Zuckerperlen Perlmuttfarben
- ► weiße Zuckerstreusel
- ► 20 Cake-Pop-Stiele

1 Befestigen Sie die Stiele in den Cake-Pops.

2 Schmelzen Sie die gelben Schmelzdrops. Sollte die Masse noch zu fest sein, etwas Kokosfett unterrühren. Die vorbereiteten Cake-Pops nun nacheinander in die flüssige Schokomasse tauchen, herausnehmen und mit dem Stiel den Cake-Pop leicht gegen das Glas klopfen, damit der überschüssige Guss abtropfen kann.

3 Verrühren Sie für den Zuckerguss 2 EL Wasser oder Zitronensaft mit 200 g Puderzucker zu einer glatten Masse. Sollte die Masse noch zu fest sein, noch etwas Flüssigkeit zugeben. Füllen Sie den Zuckerguss in einen Spritzbeutel mit Tülle und spritzen Sie Ornamente auf die Cake Pops.

4 Für die Zuckerperlen und weißen Zuckerstreusel etwas von dem essbaren Kleber in eine kleine Schale geben. Mit einem Pinsel etwas Kleber aufnehmen und auf dem Cake-Pop auftragen. Die Zuckerperlen mit einer Pinzette an der gewünschte Stelle platzieren. Die Streusel darüber streuen und trocknen lassen.

RUNDE KUGELN
bunt verziert

ZUTATEN
FÜR CA. 16 CAKE-POPS

- ▶ Nach dem Grundteig gebackene Cake-Pops
- ▶ 200 g Schmelzdrops in verschiedenen Farben
- ▶ Kokosfett
- ▶ Cake-Pop-Stiele
- ▶ Pinsel

1 Befestigen Sie die Stiele in den gebackenen Cake-Pops.

2 Schmelzen Sie zwei verschiedenen Farben der Schmelzdrops. Sollte die Masse noch zu fest sein, etwas Kokosfett unterrühren.

3 Nehmen Sie einen vorbereiteten Cake-Pop und tauchen Sie ihn in die flüssige Schokomasse der Grundfarbe. Den Cake-Pop herausnehmen und mit dem Stiel leicht gegen das Glas klopfen. Dies nur solange machen, bis ein Teil des Überschusses abgetropft ist. Die Glasur nicht trocknen lassen, sondern direkt weiter arbeiten.

4 Nun tauchen Sie mit der zweiten Hand den Pinsel oder einen Löffel in die zweite Farbe und lassen diese auf den Cake-Pop tropfen, den Sie dabei langsam drehen. Gegebenenfalls noch eine zweite Farbe auftragen.

5 Anschließend lassen Sie die überschüssige Glasur wie gewohnt abtropfen und die Cake-Pops trocknen.

PUSH-UP-CAKE MOKKA-MÜSLI
in Glücksform

ZUTATEN
FÜR 8 PUSH-UP-BEHÄLTER

Für den Biskuit

► 5 Eier, getrennt

► 1 Prise Salz

► 150 g Zucker (Kristallzucker)

► 100 g Mehl

► Zucker zum Bestreuen

Für die Creme

► 250 ml Sahne

► 1 EL Zucker

► 1 EL Kakao entölt,
ohne Zuckerzusatz

► 2 EL Instantkaffeepulver

► 100 g Mokkaschokolade,
grob zerkleinert

► 50 g Crunchy Schoko-Kokos-Müsli

Sonstiges

► 8 Push-up-Behälter

1 Den Backofen auf 180 °C vorheizen. Schlagen Sie das Eiklar mit 1 Prise Salz auf. Geben Sie den Zucker nach und nach zu und schlagen Sie alles zu einer steifen Masse. Nun die Eigelbe nacheinander unterheben. Anschließend das Mehl unterheben. Verteilen Sie den Teig auf ein mit Backpapier ausgelegtes rechteckiges Blech. Backen Sie den Biskuit ca. 15 Minuten hellbraun. Abkühlen lassen. Anschließend mit einem der Push-up-Behälter den Biskuit ausstechen.

2 Schlagen Sie die Sahne zusammen mit dem Zucker, Kakao und Kaffeepulver steif. Schmelzen Sie die Mokkaschokolade langsam in einer Schüssel im Wasserbad oder 1 Minute in der Mikrowelle bei 600 Watt. Anschließend herausnehmen, gut umrühren und etwas abkühlen lassen. Heben Sie die Schokolade unter die Sahnemasse. Füllen Sie die Masse in einen Spritzbeutel mit Sterntülle.

3 Geben Sie nun in die Push-up-Formen je einen Biskuitkreis und drücken Sie ihn nach ganz unten. Anschließend füllen Sie etwas Karamellcreme auf den Biskuit, streuen etwas von dem Müsli darüber und geben dann wieder einen Biskuitkreis in die Form. So fortfahren, bis die Form gefüllt ist. Zum Abschluss spritzen Sie etwas Creme mit der Sterntülle auf den letzten Biskuitkreis. Bis zum Servieren kühl stellen.

1   2   2

CAKE POPS MIT ORNAMENTEN
weiche Linien

ZUTATEN
FÜR CA. 16 CAKE-POPS

- ► ½ Grundteig für gebackene Cake-Pops
- ► Amarenakirschen
- ► 200 g Schmelzdrops in Rosa
- ► Kokosfett
- ► 2-3 EL Wasser oder Zitronensaft
- ► 200 g Puderzucker
- ► 3 EL Kakao, entölt ohne Zuckerzusatz
- ► Zuckerperlen rosa und Weiß
- ► 16 Cake-Pop-Stiele

1 Bereiten Sie den Grundteig zum Backen zu. Füllen Sie den Teig in einen Spritzbeutel (ersatzweise eine Plastiktüte nehmen) und füllen Sie den Teig in die Cake-Pop-Mulden.

2 Geben Sie nun auf die Teigoberfläche eine Amarenakirsche und drücken Sie sie etwas in den Teig. Die Cake- Pops ca. 12 bis 18 Minuten goldbraun backen, herausnehmen, abkühlen lassen. Wiederholen Sie den Vorgang, bis der Teig aufgebraucht ist.

3 Anschließend die Schmelzdrops schmelzen und einen Cake-Pop-Stiele etwa 1 ½ cm tief in die Schokomasse eintauchen. Stecken Sie anschließend den Stiel in den Cake-Pop und geben Sie die Cake-Pops 15 Minuten in den Kühlschrank.

4 Schmelzen Sie die rosa Schmelzdrops. Sollte die Masse noch zu fest sein, etwas Kokosfett unterrühren. Die vorbereiteten Cake-Pops nun nacheinander in die flüssige Schokomasse tauchen, herausnehmen und mit dem Stiel den Cake-Pop leicht gegen das Glas klopfen, damit der überschüssige Guss abtropfen kann.

5 Verrühren Sie für den Zuckerguss 2 EL Wasser mit dem Puderzucker und dem Kakao zu einer glatten Masse. Sollte die Masse noch zu fest sein, noch etwas Flüssigkeit zugeben. Füllen Sie den Zuckerguss in einen Spritzbeutel mit Lochtülle. Spritzen Sie nun mit dem Spritzbeutel Ornamente auf die Cake-Pops.

6 Dekorieren Sie die Cake-Pops mit den Zuckerperlen solange der Zuckerguss noch feucht ist. Die Zuckerperlen am besten mit einer Pinzette an die gewünschten Stellen platzieren.

BUNT VERZIERTE CAKE-POPS

farbenfroher Willkommensgruß

● ● ●

ZUTATEN
FÜR 20 CAKE-POPS

► Nach dem Grundteig gebackene Cake-Pops

► 200 g Schmelzdrops in Rot

► 200 g Schmelzdrops in Braun

► 200 g Schmelzdrops in Weiß

► Kokosfett

► Rot-weiße Zuckerperlen

► Pinsel

► 20 Cake-Pop-Stiele

1 Befestigen Sie zunächst die Cake-Pop-Stiele, sowie in der Grundanleitung beschrieben.

2 Schmelzen Sie die Schmelzdrops und geben, je nach Konsistenz, noch etwas Kokosfett hinzu. Die vorbereiteten Cake-Pops nun nacheinander in die flüssige Schokomasse tauchen, herausnehmen und mit dem Stiel den Cake-Pop leicht gegen das Glas klopfen, damit der überschüssige Guss abtropfen kann. Je fünf Cake-Pops in Weiß und braun färben, abtropfen und trocknen lassen. Die restlichen zehn Cake-Pops in die rote Schokolade tauchen.

3 Bestreuen Sie 5 der Cake-Pops vor dem Trocknen mit den rot-weißen Zuckerperlen und lassen Sie sie trocknen, am besten streuen Sie die Zuckerperlen über einem tiefen Teller auf die Cake-Pops, dann können die überschüssigen Streusel mit einem Trichter anschließend wieder in den Behälter zurückgefüllt werden.

4 Tauchen Sie den Pinsel in die rote Glasur und verzieren Sie die braunen und weißen Cake-Pops mit der roten Glasur und lassen Sie sie trocknen.

TIPP
Diese Verzierung funktioniert auch gut mit anderen Farben.

PUSH-UP-CAKE HIMBEER-VANILLE
erfrischend und lecker

ZUTATEN
FÜR 8 PUSH-UP-BEHÄLTER

Für die Mousse

▶ 4 Blatt weiße Gelatine

▶ 250 g Joghurt

▶ 1 Vanilleschote

▶ 60 g Zucker

▶ 250 ml Sahne

▶ 250 g Himbeeren

Sonstiges

▶ 8 Push-up-Behälter

▶ Eierkartons

1 Weichen Sie die Gelatine in reichlich kaltem Wasser 5 Minuten ein. Ritzen Sie die Vanilleschote der Länge nach auf und kratzen Sie das Mark mit einem Messer aus. Verrühren Sie den Joghurt mit dem Vanillemark und 60 g Zucker.

2 Anschließend die Gelatine ausdrücken und in einem Topf bei schwacher Hitze auflösen. Nun den Topf vom Herd ziehen und die Gelatine in 3 EL Joghurt einrühren. Den Gelatine-Joghurt-Mix anschließend unter den restlichen Joghurt rühren. Schlagen Sie die Sahne steif auf und heben Sie sie unter die Joghurtmasse.

3 Legen Sie einige Himbeeren für die spätere Dekoration zur Seite und pürieren Sie den Rest. Geben Sie die Hälfte der Joghurt-Sahne-Masse zu den Himbeeren und heben Sie sie vorsichtig unter. Einen Push-up-Behälter schräg mit der Himbeermasse befüllen und den Behälter dann leicht schräg in den Eierkarton stellen. Anschließend gut durchkühlen lassen. Die restliche Joghurt-Sahne-Masse ebenfalls kühl stellen.

4 Sobald die Himbeermasse fest ist, kann nun der Push-up-Pop-Behälter mit der Joghurtsahne gefüllt und mit den restlichen Himbeeren dekoriert werden.

ECKIGE CAKE-POPS

verzieren den Geburtstagskuchen

ZUTATEN

FÜR 16 WÜRFEL

- Cake-Pop Grundmasse zum Formen
- 200 g Schmelzdrops in Weiß
- 200 g Schmelzdrops in verschiedenen Farben
- Kokosfett
- Essbarer Kleber
- Cake-Pop-Stiele

1 Formen Sie aus einer kleinen Menge Cake-Pop-Grundmasse (ca. 1 leicht gehäufter EL) einen Würfel. Die Würfel für ca. 15 Minuten in den Gefrierschrank geben.

2 Schmelzen Sie nun etwas Schoko-Glasur oder Kuvertüre. Nach dem Herausnehmen die Seiten der Cake-Pop-Würfel mit einem Lineal glatt klopfen. Tauchen sie die Cake-Pop Stiele ca. 1 cm tief in die Kuvertüre, stecken Sie sie in die Würfel. 10 Minuten in den Kühlschrank legen.

4 Schmelzen Sie die weißen Schmelzdrops. Sollte die Masse noch zu fest sein, etwas Kokosfett unterrühren. Die vorbereiteten Cake-Pops nun nacheinander in die flüssige Schokomasse tauchen, herausnehmen und mit dem Stiel den Cake-Pop leicht gegen das Glas klopfen, damit der überschüssige Guss abtropfen kann. Im Kühlschrank trocknen lassen.

5 Schmelzen Sie nun eine Farbe der Schmelzdrops, um die Ränder der Würfel nachzuzeichnen. Am einfachsten geht das mit einem Holzspießchen. Immer nur eine Linie nach der anderen ziehen. Umranden Sie nacheinander alle Cake-Pop-Würfel mit den verschiedenen Farben.

6 Nun können Sie die Würfel beschriften. Entweder malen Sie mit einem Pinsel die einzelnen Buchstaben auf die Würfel oder Sie nehmen eine Silikonform mit Buchstaben und Zahlen und füllen diese mit den verschiedenen Schmelzdrops-Farben, lassen sie trocknen und befestigen die Buchstaben und Zahlen mit etwas Schokoguss oder essbarem Kleber.

TIPP

Wenn Sie die Anzahl der Würfel variieren können Sie so jeden beliebigen Schriftzug auf den Geburtstagskuchen bringen.

ZARTE KIRSCHBLÜTENZWEIGE

heißen den Frühling willkommen

ZUTATEN

FÜR CA. 32 CAKE-POPS

- ► Nach dem Grundteig gebackene Cake-Pops
- ► 200 g Schmelzdrops in Weiß
- ► Kokosfett
- ► 2-3 EL Wasser der Zitronensaft
- ► 200 g Puderzucker
- ► 2 EL Kakao (entölt, ohne Zucker)
- ► Mini-Zuckerblüten in rosa und pink
- ► Cake-Pop-Stiele
- ► Spritzbeutel
- ► runde Spritztülle (Größe 2 oder 3)

1 Befestigen Sie die Cake-Pop-Stiele wie in der Grundanleitung beschrieben.

2 Schmelzen Sie nun die Schmelzdrops und tauchen Sie die vorbereiteten Cake-Pops in die flüssige Schokomasse. Den überschüssigen Guss abtropfen lassen.

3 Verrühren Sie für den Zuckerguss 2 EL Wasser oder Zitronensaft mit 200 g Puderzucker und Kakao zu einer glatten Masse. Füllen Sie den Zuckerguss in einen Spritzbeutel mit Tülle. Spritzen Sie nun mit dem Spritzbeutel zarte Äste auf die Cake-Pops. Immer wieder kleine Verdickungen an den Astenden aufspritzen.

4 Die Zuckerblumen in unregelmäßigen Abständen auf einen Zweig setzen. Die Cake-Pops trocknen lassen.

KLEINE PUSH-UP-CAKE

mit Karamell und Schokolade

ZUTATEN

FÜR 8 PUSH-UP-BEHÄLTER

Für die weiße Schokocreme

- ▶ 200 g weiße Schokolade
- ▶ 1 Vanilleschote
- ▶ 250 ml Sahne
- ▶ 2 EL Kakaolikör

Für den Schokobiskuit

- ▶ 5 Eier, getrennt
- ▶ 1 Prise Salz
- ▶ 150 g Zucker (Kristallzucker)
- ▶ 2 EL Kakao entölt
  (ohne Zuckerzusatz)
- ▶ 100 g Mehl
- ▶ Zucker zum Bestreuen
- ▶ 16 Weiche Karamellbonbons

Sonstiges

- ▶ 8 Push-up-Behälter

1 Schneiden Sie für die Creme die Schokolade in kleine Stücke. Die Vanilleschote aufschlitzen, das Mark herauskratzen. Die Schokolade mit Vanillemark, dem Likör und der Sahne in einen Topf geben und bei schwacher Hitze unter Rühren mit dem Schneebesen in der Sahne schmelzen. Die Flüssigkeit soll dabei nur handwarm werden. Stellen Sie die Masse abgedeckt über Nacht im Kühlschrank kalt.

2 Für den Biskuit den Backofen auf 180 °C vorheizen. Schlagen Sie das Eiweiß mit 1 Prise Salz auf. Geben Sie den Zucker nach und nach zu und schlagen alles zu einer steifen Masse. Nun die Eigelbe nacheinander unterheben. Anschließend das Mehl und den Kakao dazu geben. Verteilen Sie den Teig auf ein mit Backpapier ausgelegtes rechteckiges Blech. Backen Sie den Biskuit ca. 15 Minuten hellbraun. Abkühlen lassen. Anschließend mit einem Push-up-Behälter den Biskuit ausstechen.

3 Nach der Kühlzeit mit den Quirlen des Handrührers die Schokomasse in 6 bis 7 Minuten steif schlagen. Füllen Sie einen Spritzbeutel mit Sterntülle mit der Schoko-Sahne. Würfeln Sie die Karamellbonbons in kleine Stücke.

4 Geben Sie nun in die Pushup-Formen je einen Biskuitkreis und drücken ihn nach ganz unten. Anschließend füllen Sie etwas Karamellcreme auf den Biskuit und geben 3-4 Karamellwürfelchen darauf. Nun wieder einen Biskuitkreis in die Form legen und so fortfahren, bis die Form gefüllt ist. Für den Abschluss spritzen Sie etwas Creme mit der Sterntülle auf den letzten Biskuitkreis und garnieren diesen mit den restlichen Karamellwürfelchen. Bis zum Servieren kühl aufbewahren.

KANDIERTE CAKE-POPS

weihnachtlicher Zauber

ZUTATEN

FÜR CA. 16 CAKE-POPS

- ► Nach dem Grundteig gebackene Cake-Pops
- ► Schokoladen Kovertüre
- ► 800 g Zucker
- ► Rote Lebensmittelfarbe
- ► 16 Cake-Pop-Stiele

1 Befestigen Sie die Stiele wie in der Grundanleitung beschrieben, mit der Kuvertüre, an den Cake-Pops.

2 Schmelzen Sie den Zucker in einem kleinen Topf auf niedriger Stufe, da er klar bleiben soll. Bitte äußerst vorsichtig mit dem geschmolzenen Zucker umgehen, da er sehr heiß wird. Geben Sie rote Lebensmittelfarbe hinzu und rühren Sie diese gut unter. Nun den Topf vom Herd ziehen.

3 Die vorbereiteten Cake-Pops nacheinander in die flüssige Zuckermasse tauchen, herausnehmen und über dem Topf gut abtropfen lassen, anschließend trocknen lassen. Passen Sie auf, dass Sie nichts von der Zuckermasse auf Ihre Hände bekommen, dies könnte sonst zu sehr schmerzhaften Verbrennungen führen.

KUNTERBUNTE MOTIVE

NIEDLICHER KRAKEN

entdeckt die Weltmeere

ZUTATEN

FÜR CA. 8 BIS 10 KRAKEN

- ▶ Cake-Pop Grundmasse zum Formen
- ▶ 200 g Schmelzdrops in Grün
- ▶ Kokosfett
- ▶ 16 bis 20 Zuckeraugen
- ▶ 1 EL Kakaopulver
- ▶ 3 EL Puderzucker
- ▶ einige wenige Tropfen Wasser
- ▶ Backpapier
- ▶ Holzspießchen
- ▶ Cake-Pop-Stiele

1 Die Cake-Pop Masse gut kühlen, am besten 20 bis 30 Minuten im Gefrierschrank. Für die erste Krake formen Sie aus einer kleinen Menge Cake-Pop Grundmasse (ca. 1 EL) eine Kugel. Anschließend 6 haselnussgroße Kugeln vom Teig abnehmen und zu 6 Röllchen für die Krakenbeine formen.

2 Die 6 Beine auf Backpapier kreisförmig anordnen und in der Mitte den Teig zusammendrücken. Die Kugel in die Mitte setzen und leicht festpressen. Mit einem Stiel in den Kopf eine kleine Vertiefung eindrücken, den Stiel aber noch nicht einsetzen. Die Krake 20 Minuten in en Gefrierschrank geben. So auch alle weiteren Kraken formen.

3 Einige Schmelzdrops schmelzen und die Stiele befestigen. Erneut 10 Minuten tiefkühlen.

4 Schmelzen Sie die restlichen grünen Schmelzdrops. Sollte die Masse noch zu fest sein, etwas Kokosfett unterrühren. Die vorbereiteten Cake-Pops nun nacheinander in die flüssige Schokomasse tauchen, herausnehmen und sehr vorsichtig die überschüssige Schokolade abklopfen. Auf Backpapier setzen, trocknen lassen und kühlen. Anschließend auf die Beine mit dem Holzspießchen für die Tintenfischringe kleine Tupfen auf die Krakenbeine setzen.

5 Verrühren Sie für den Zuckerguss den Puderzucker mit dem Kakao, geben Sie tropfenweise Wasser hinzu und rühren Sie den Guss zu einer glatten Masse. Sollte die Masse noch zu fest sein, noch etwas Flüssigkeit zugeben. Nehmen Sie ein Holzspießchen und tauchen Sie es in den Guss. Mit dem Zuckerguss die beiden Augen befestigen und trocknen lassen. Anschließend den Mund und die Augenbrauen vorsichtig mit dem Holzspießchen auftragen.

FAMILIE CLEVER

beim Kaffeeklatsch

ZUTATEN

FÜR CA. 16 CAKE-POPS

- ► Cake-Pop Grundmasse zum Formen
- ► 200 g Schmelzdrops in Weiß
- ► Je 200 g Schmelzdrops in Blau, Rot und Gelb
- ► Kokosfett
- ► 2-3 EL Wasser oder Zitronensaft
- ► 100 g Puderzucker
- ► Schwarze Lebensmittelfarbe
- ► Zuckeraugen
- ► Zuckerperlen, Zuckersterne zum
- ► Dekorieren
- ► Cake-Pop-Stiele
- ► Pinsel

1 Formen Sie aus einer kleinen Menge Cake-Pop Grundmasse (ca. 1 EL) eine Kugel und modellieren sie diese in eine ovale Kopfform. Verfahren Sie mit der restlichen Grundmasse genauso. Die Teigkugeln etwa 15 Minuten im Gefrierschrank anfrieren.

2 Schmelzen Sie die weißen Schmelzdrops. Sollte die Masse noch zu fest sein, etwas Kokosfett unterrühren. Die Cake-Pops aus dem Tiefkühlfach herausnehmen und die Stiele befestigen. Erneut für 10 Minuten im Gefrierschrank kühlen.

3 Die vorbereiteten Cake-Pops nun nacheinander in die flüssige, weiße Schokomasse tauchen, herausnehmen und mit dem Stiel den Cake-Pop leicht gegen das Glas klopfen, damit der überschüssige Guss abtropfen kann. Trocknen lassen.

4 Schmelzen Sie nun die restlichen Farben. Sollte die Masse noch zu fest sein, etwas Kokosfett unterrühren. Etwa ein Drittel eines Kopfes in die Schokolade eintauchen und den überschüssigen Guss abtropfen lassen. Trocknen lassen.

5 Nehmen Sie ein Holzspießchen und tauchen Sie diese in die weiße Schokomasse und betupfen Sie die Zuckeraugen auf der Rückseite. Befestigen Sie nun die Augen mit der Masse an den passenden Stellen.

6 Verrühren Sie für den Zuckerguss 1 EL Wasser mit dem Puderzucker und der schwarzen Lebensmittelfarbe. Sollte die Masse noch zu fest sein, noch etwas Flüssigkeit zugeben. Tragen Sie nun mit einem Pinsel einen Mund, Haare, Brille und weitere Dekorationen auf. Mit weiteren Zuckersternen und Zuckerperlen auf Wunsch verzieren.

STRAHLENDE BLUMENWIESE

mit Schmetterling und Marienkäfer

ZUTATEN

FÜR CA. 36 CAKE-POPS

- ▶ Nach dem Grundteig gebackene Cake-Pops
- ▶ 200 g Schmelzdrops in Grün
- ▶ Kokosfett
- ▶ Grüne Zuckerstreusel
- ▶ Zucker-Marienkäfer
- ▶ Zucker-Schmetterling
- ▶ Zuckerblüten
- ▶ Essbarer Kleber
- ▶ Cake-Pop-Stiele in Grün

1 Bereiten Sie die Cake-Pops nach dem Rezept auf Seite 2 zu und befestigen Sie die Stiele.

2 Schmelzen Sie zunächst die grünen Schmelzdrops in einem Wasserbad oder in der Mikrowelle. Anschließend herausnehmen und einmal gut umrühren.

3 Die vorbereiteten Cake-Pops nun nacheinander in die flüssige Schokomasse tauchen, herausnehmen und mit dem Stiel leicht gegen das Glas klopfen, damit der überschüssige Guss abtropfen kann. Direkt wieterverarbeiten.

4 Anschließend den Cake-Pop mit den grünen Zuckerstreuseln bestreuen, am besten über einem tiefen Teller, dann können die überschüssigen Streusel mit einem Trichter anschließend wieder in den Behälter zurückgefüllt werden. So mit allen Cake-Pops verfahren.

5 Nun die Zucker-Marienkäfer und Zuckerblüten mit dem essbaren Kleber auf den Cake Pops befestigen.

TIPP

Auf diese Weise können Sie auch bunte Zuckerstreusel auftragen.

BUNTES OSTERKÖRBCHEN

vom Osterhase versteckt

ZUTATEN

FÜR CA. 8 KÖRBCHEN

- ► Cake-Pop Grundmasse zum Formen
- ► 200 g Schmelzdrops in Lila
- ► Kokosfett
- ► Grüne Zuckerstreusel (Nonpareils)
- ► Bunte Fruchtgummischnecken
- ► Essbarer Kleber
- ► Zuckereier
- ► Blumenausstecher
- ► Cake-Pop-Stiele

1

3

1 Rollen Sie aus der Hälfte der Cake-Pop Grundmasse (ca. 1 EL) eine c. 2,5 Zentimeter dicke Platte und geben Sie diese für 15 Minuten in den Gefrierschrank.

2 Nehmen Sie anschließend einen weiteren Teelöffel von der restlichen Masse und formen diesen zu einer halbrunden Kugel. Verfahren Sie mit der restlichen Grundmasse genauso. Entnehmen Sie nun die Cake-Pop-Platte aus dem Gefrierschrank und stechen mit einem Blumenausstecher 8 bis 10 Blumen aus.

2 Schmelzen Sie nun einige Schmelzdrops und geben Sie etwas von der flüssigen Schokolade auf die Unterseite der Halbkugel und drücken Sie diese leicht auf die Blumen.

3 Rollen Sie zwei oder drei der Fruchtgummischnecken auf und schneiden ca. 5 bis 6 cm lange Stücke ab. Nehmen Sie einen der Henkel und stecken ihn probeweise ein. Markieren Sie diese Stelle und stechen mit einem Messer ca. ½ Zentimeter tief ein, damit Sie später die Henkel zügig befestigen können.

4 Schmelzen Sie die lila Schmelzdrops. Sollte die Masse noch zu fest sein, etwas Kokosfett unterrühren. Befestigen Sie die Stiele unten an den Osterkörbchen und geben Sie die Cake-Pops 15 Minuten in den Kühlschrank.

5 Nach dem Kühlen die vorbereiteten Cake-Pops nun nacheinander in die flüssige Schokomasse tauchen, herausnehmen und den überschüssigen Guss abtropfen lassen. Nun sofort einen Henkel in die vorgegebenen, markierten Stellen hineinschieben. Anschließend auf die noch nicht getrocknete Schokomasse der Halbkugel die grünen Zuckerstreusel geben. Trocknen lassen.

6 Die Zuckereier entweder mit flüssiger Schokoladenmasse oder mit essbarem Kleber auf den grünen Zuckerstreuseln befestigen und trocknen lassen.

EIS AM STIEL

schmeckt nicht nur im Sommer

ZUTATEN

FÜR CA. 16 EIS

► Klassische Cake-Pop-Grundmasse zum Formen

► 200 g Schmelzdrops in Braun

► 200 g Schmelzdrops in Weiß

► Kokosfett

► Zuckerschmetterlinge

► Essbarer Kleber

► Schoko-Glasur oder Kuvertüre

► 16 kleine Eis-Stiele

► Pinsel

1 Formen Sie aus einer kleinen Menge Grundmasse (ca. 1 EL) eine Kugel und modellieren Sie diese in eine flache halbrunde Form. So die gesamte Grundmasse verarbeiten.

2 Befestigen Sie die Eis-Stiele mithilfe der Schoko-Glasur oder Kuvertüre in den Eisformen und stellen Sie die Cake-Pops für ca. 15 Minuten in den Gefrierschrank. Formen Sie die Eisformen nicht zu dünn, sie brechen sonst auseinander, wenn der Stiel befestigt wird.

3 Schmelzen Sie die braunen Schmelzdrops. Sollte die Masse noch zu fest sein, etwas Kokosfett unterrühren. Die vorbereiteten Cake-Pops nun nacheinander in die flüssige Schokomasse tauchen, herausnehmen und mit dem Stiel leicht gegen das Glas klopfen, damit der überschüssige Guss abtropfen kann. Danach gut trocknen lassen.

4 Schmelzen Sie nun die weißen Schmelzdrops. Den oberen Teil der Eisform schräg in die Schokolade eintauchen. Mit einem Pinsel den Guss nach Wunsch verteilen und trocknen lassen.

5 Zum Schluss mit dem essbaren Kleber die Schmetterlinge befestigen.

ZUCKERSÜSSE WASSERMELONEN
erfrischender Snack für Zwischendurch

ZUTATEN
FÜR CA. 16 MELONEN

- ▶ Grundteig für gebackene Cake-Pops
- ▶ Rote Lebensmittelfarbe
- ▶ 200 g Schmelzdrops in Grün
- ▶ Schmelzdrops in Gelb
- ▶ Kokosfett
- ▶ 3-4 EL kleine Schokochips
- ▶ Cake-Pop-Stiele
- ▶ Pinsel

1 Bereiten Sie den Grundteig zum Backen zu und färben Sie diesen mit roter Lebensmittelfarbe. Füllen Sie den Teig in einen Spritzbeutel (ersatzweise eine Plastiktüte nehmen) und füllen Sie den Teig in die Form. Geben Sie nun auf die Teigoberfläche ca. 4 bis 5 Schokochips. Die Cake-Pops nach der Grundanleitung backen, herausnehmen und abkühlen lassen. Wiederholen Sie den Vorgang, bis der Teig aufgebraucht ist.

2 Anschließend die grünen Schmelzdrops schmelzen und die Stiele befestigen. Vor dem Weiterverarbeiten trocknen lassen.

3 Schmelzen Sie die grünen Schmelzdrops. Sollte die Masse noch zu fest sein, etwas Kokosfett unterrühren. Tauchen Sie die vorbereiteten Cake-Pops nacheinander in die flüssige Schokomasse. Den Cake-Pop herausnehmen und den überschüssigen Guss abtropfen lassen. Trocknen lassen.

4 Geben Sie anschließend in die restliche grüne Schokomasse etwas von den gelben Schmelzdrops und malen mit einem Pinsel die helle Struktur auf die Cake-Pops. Trocknen lassen.

ZITRONEN-CAKE-POPS
überraschend süß

ZUTATEN

- ► Klassische Cake-Pop-Grundmasse zum Formen (Auf Wunsch abgeriebene Schale von 1 Bio-Zitronenschale zum aromatisieren zugeben)
- ► 200 g Schmelzdrops in Gelb
- ► 2–3 EL Wasser oder Zitronensaft
- ► 200 g Puderzucker
- ► Schoko-Glasur oder Kuvertüre
- ► Cake-Pop-Stiele
- ► Spritzbeutel

1 Formen Sie aus einer kleinen Menge Grundmasse (ca. 1 EL) eine Kugel und modellieren sie daraus eine Zitrone, Zitronenschnitze und Zitronenscheiben. Formen Sie die Zitronenscheiben und –schnitze nicht zu dünn, sie brechen sonst auseinander, wenn der Stiel befestigt wird. Die Stiele, mithilfe der Schoko-Glasur oder Kuvertüre, an den Zitronen befestigen und diese für ca. 15 Minuten in den Gefrierschrank legen.

2 Schmelzen Sie die gelben Schmelzdrops. Sollte die Masse noch zu fest sein, etwas Kokosfett unterrühren. Die vorbereiteten Cake-Pops nun nacheinander in die flüssige Schokomasse tauchen, herausnehmen und mit dem Stiel leicht gegen das Glas klopfen, damit der überschüssige Guss abtropfen kann. Trocknen lassen.

3 Verrühren Sie für den Zuckerguss 2 EL Wasser oder Zitronensaft mit 200 g Puderzucker zu einer glatten Masse. Sollte die Masse zu fest sein, können Sie noch ein bisschen Flüssigkeit zugeben. Füllen Sie den Zuckerguss in einen Spritzbeutel mit runder Tülle. Spritzen Sie nun mit dem Spritzbeutel in dünnen Linien die Formen der Zitronensegmente auf und lassen Sie sie trocknen.

1

NIEDLICHE MONSTERFREUNDE
total wuschelig

ZUTATEN
FÜR CA. 20 CAKE-POPS

► Nach dem Grundteig gebackene Cake-Pops

► Kuvertüre

► Gelber Fondant

► Kleine Ausstechform Herz

► 500 g Puderzucker

► 2 mittelgroße Eiweiße

► 1 TL Zitronensaft

► Rote Lebensmittelfarbe auf Ölbasis

► 10 Zucker-Augen

► Spritztülle mit runder Öffnung oder mit mehreren Öffnungen

► Cake-Pop-Stiele

1 Bereiten Sie die Cake-Pops nach dem Rezept auf Seite 2 zu und befestigen Sie die Stiele.

2 Rollen Sie den gelben Fondant ca. 2 mm dick aus. Für die Füße stechen Sie mit einem kleinen herzförmigen Ausstecher 10 Herzen aus. Für den Mund rollen Sie ganz dünne Röllchen aus und formen diese zu einem Halbkreis oder Strich, je nachdem was für einen Gesichtsausdruck der Wuschel haben soll.

3 Für die Spritzglasur sieben Sie den Puderzucker in eine fettfreie Schüssel und geben die Eiweiße, den Zitronensaft und die Lebensmittelfarbe zu. Nun schlagen Sie die Masse mit dem Handrührgerät ca. 6 bis 8 Minuten bis sie schön glänzend ist. Die Masse sollte feste Spitzen bilden.

4 Füllen Sie die Spritzglasur in einen Spritzbeutel und spritzen Sie auf die vorbereiteten Cake-Pops Stacheln auf. Fangen Sie an der Rundung gegenüber des Cake-Pop-Stiels an

und arbeiten Sie sich kreisförmig nach oben. Anschließend den Cake-Pop auf ein Fondantherz setzen. Nun die Augen und den Mund an dem gewünschten Platz andrücken und im Kühlschrank trocknen lassen. Die Spritzglasur benötigt mindestens 4 bis 6 Stunden, bis sie vollständig durchgetrocknet ist.

5 Sollte noch etwas Eiweißglasur übrig sein, so können Sie diese in einem luftdichten Behälter einige Tage aufbewahren. Die Oberfläche mit einem feuchten Tuch oder Frischhaltefolie abdecken, damit sie nicht antrocknet.

2

4

TULPENSTRAUSS

ein leuchtendes Geschenk

●●●
ZUTATEN
FÜR CA. 12-14 TULPEN

▶ Klassische Cake-Pop-Grundmasse zum Formen

▶ 200 g Schmelzdrops in Gelb

▶ Kokosfett

▶ Gelber Fondant

▶ Grüner Fondant

▶ Essbarer Kleber

▶ Schoko-Glasur oder Kuvertüre

▶ grüne Cake-Pop-Stiele

1 Formen Sie aus einer kleinen Menge Grundmasse (ca. 1 EL) eine Kugel und modellieren sie diese in eine Kegelform. Verfahren Sie mit der restlichen Grundmasse genauso. Die Tulpenköpfe dann für ca. 15 Minuten in den Gefrierschrank geben.

2 Befestigen Sie die Cake-Pop-Stiele, mithilfe der Schoko-Glasur oder Kuvertüre, am unteren Ende des Tulpenkopfs und kühlen Sie sie erneut 10 Minuten im Tiefkühlschrank. So mit allen Tulpenknospen verfahren.

3 Schmelzen Sie die gelben Schmelzdrops. Sollte die Masse noch zu fest sein, etwas Kokosfett unterrühren. Die vorbereiteten Cake-Pops nun nacheinander in die flüssige Schokomasse tauchen, herausnehmen und mit dem Stiel leicht gegen das Glas klopfen, damit der überschüssige Guss abtropfen kann. Danach den Guss trocknen lassen.

4 Nehmen Sie etwas von dem gelben Fondant und rollen Sie die Masse etwa 2-3 mm dick aus. Sollte der Fondant zu klebrig sein, etwas Puderzucker oder Stärke auf die Arbeitsfläche streuen. Schneiden Sie Tulpenblätter in Tropfenform aus und rollen Sie die einzelnen Blätter noch etwas dünner. Nun den essbaren Kleber auf eine Blattoberseite streichen und das Blatt an der Tulpenknospe befestigen. So die gesamte Tulpe arbeiten.

5 Rollen Sie für die Blätter den grünen Fondant aus und schneiden Sie ein oder zwei Blätter aus. Den Cake-Pop-Stiel leicht in das Blatt drücken. Nun das Blatt mit essbarem Kleber bestreichen und am Stiel befestigen.

1

4

5

COCKTAILSTUNDE
für jede Tageszeit

● ● ●
ZUTATEN
FÜR 12 COCKTAILS

▶ Cake-Pop-Grundmasse
  zum Formen
▶ 200 g Schmelzdrops in Weiß
▶ je 6 Schmelzdrops in Grün
  und Gelb
▶ Kokosfett
▶ 12 Cake-Pop-Stiele

1 Formen Sie aus einer kleinen Menge Cake-Pop-Grundmasse (ca. 1 EL) einen Kegel. Die Kegel für ca. 15 Minuten in den Gefrierschrank geben. Währenddessen befestigen Sie an den Cake-Pop-Stiele je ein weißen Schmelzdrop. Dazu bohren Sie mit einem Zahnstocker ein kleines Loch in die Mitte des Schmelzdrops und schieben diesen anschließend mit leicht rotierender Bewegung auf die gewünschte Höhe.

2 Befestigen Sie die Stiele an der Spitze des Kegels, wie in der Grundanleitung beschrieben. Danach 10 Minuten in den Tiefkühlschrank geben.

3 Die roten und gelben Schmelzdrops schmelzen. Sollte die Masse noch zu fest sein, etwas Kokosfett unterrühren. Die vorbereiteten Cake-Pops nun nacheinander in die flüssige Schokomasse tauchen, herausnehmen und mit dem Stiel den

Cake-Pop leicht gegen das Glas klopfen, damit der überschüssige Guss abtropfen kann. Trocknen lassen.

4 Schmelzen Sie nun die weißen Schmelzdrops und tauchen Sie das obere Drittel der Cocktailgläser in die flüssige Masse. Alles anschließend gut trocknen lassen.

5 Halbieren Sie nun einige grüne und gelbe Schmelzdrops. Tauchen Sie mit einem Holzspießchen in die weißen Schmelzdrops und zeichnen Sie die Kammern von Limette oder Zitrone auf die Hälften. Nehmen Sie nun ein scharfes Messer und schneiden einen sehr kleinen Spalt in die weiße Schicht der Cake-Pops. Nehmen Sie einen Zitronenschnitz, tragen auf die Längsseite etwas weiße Schokomasse auf und drücken Sie den Schnitz ganz leicht in den Spalt. Lassen Sie den Cake-Pop im Kühlschrank gut trocknen.

1

1

NOSTALGISCHE KANNE

lädt zum Teetrinken ein

ZUTATEN

FÜR CA. 36 CAKE-POPS

- ▶ Nach dem Grundteig gebackene Cake-Pops
- ▶ 200 g Schmelzdrops in Gelb
- ▶ Kokosfett
- ▶ Lila Fondant
- ▶ Bronzefarbene Zuckerperlen
- ▶ Goldglitzer zum Streuen
- ▶ Essbarer Kleber
- ▶ Cake-Pop-Stiele
- ▶ Eierkarton

1 Bereiten Sie die Cake-Pops nach dem Rezept auf Seite 11 zu und schmelzen Sie die gelben Schmelz-drops. Sollte die Masse noch zu fest sein, etwas Kokosfett unterrühren. Befestigen Sie die Stiele wie in der Grundanleitung beschrieben. Die vorbereiteten Cake-Pops nun nachei-nander in die flüssige Schokomasse tauchen, herausnehmen und mit dem Stiel leicht gegen das Glas klop-fen, damit der überschüssige Guss abtropfen kann.

2 Kneten Sie den Fondant mit der Hand, bis er weich und geschmeidig ist. Aus einem kleinen Stück eine Rolle formen und für den Henkel ein ca. 2,5 bis 3 cm langes Stück abschneiden und zu einem Halbkreis formen. Für die Tülle ein ca. 2 cm langes Stück abschneiden und zu ei-nem S formen. Für den Deckel etwas Fondant ausrollen und einen Kreis ø 1cm ausstechen. Achten Sie darauf, dass die Schnittkanten bei Henkel und Tülle glatt sind, sodass sie nach-her gut aufgeklebt werden können.

Alle Formen trocknen lassen, bis sie hart sind.

3 Tragen Sie etwas essbaren Kleber auf die Schnittkanten des Henkels und drücken Sie ihn leicht auf den Cake-Pop. Etwas halten und möglichst nicht verrutschen, denn der Fondant kann abfärben und unschöne Flecken auf dem Cake-Pop hinterlassen. In einen Eierkarton legen und trocknen lassen. An-schließend mit den Tüllen genauso verfahren. Gut trocknen lassen.

4 Nun die Cake-Pops senkrecht auf-stellen und den Deckel befestigen. In die Mitte mit dem essbaren Kleber je eine Zuckerperle auf dem Deckel befestigen. Anschließend verteilen Sie etwas essbaren Kleber auf dem Cake-Pop und bestreuen diesen mit Goldstaub.

LUSTIGE EULEN

sind immer ein Blickfang

ZUTATEN

FÜR CA. 16 EULEN

- ▶ Klassische Cake-Pop-Grundmasse zum Formen
- ▶ Kleine Schokochips
- ▶ 200 g Schmelzdrops in Grün
- ▶ 200 g Schmelzdrops in Blau
- ▶ Kokosfett
- ▶ Schoko-Glasur oder Kuvertüre
- ▶ Zucker-Augen
- ▶ Zuckersterne
- ▶ Essbarer Kleber
- ▶ Schoko-Glasur oder Kuvertüre
- ▶ Cake-Pop-Stiele

1 Formen Sie aus einer kleinen Menge Grundmasse (ca. 1 EL) eine Kugel und modellieren sie diese in eine ovale Form. Drücken Sie zwei Schokochips am oberen Ende als Ohren hinein. Die Cake-Pops für 15 Minuten ins Tiefkühlfach stellen.

2 Befestigen Sie den Stiel, mithilfe der grünen Schmelztrops, indem Sie ihn in das untere Ende der Eule schieben und erneut 10 Minuten im Tiefkühlschrank stellen.

3 Schmelzen Sie die grünen Schmelzdrops. Sollte die Masse noch zu fest sein, etwas Kokosfett unterrühren. Die vorbereiteten Cake-Pops nun nacheinander in die flüssige Schokomasse tauchen, herausnehmen und mit dem Stiel leicht gegen das Glas klopfen, damit der überschüssige Guss abtropfen kann. Gut trocknen lassen.

4 Schmelzen Sie nun die blauen Schmelzdrops. Die Eulen schräg eintauchen und mit dem Stiel leicht gegen das Glas klopfen. Wenn der Guss gut trocken ist so auch die andere Seite glasieren.

5 Befestigen Sie nun die Augen, sowie die Zuckersterne mit dem essbaren Kleber an den passenden Stellen.

DIE AUTORIN

KARINA SCHMIDT

Die Liebe zum Kochen entdeckte Karina Schmidt schon als Jugendliche. Die eigenen Rezepte „nur" Freunden oder der Familie zu präsentieren, reichten ihr jedoch irgendwann nicht mehr aus. Der Wunsch entstand, ein breiteres Publikum zu erreichen. Inzwischen hat Karina Schmidt mehrere Bücher zum Thema Kochen und kulinarische Entdeckungsreisen geschrieben, veranstaltet Kochseminare und arbeitet als freiberufliche Foodstylistin.

WIR SIND FÜR SIE DA!
Bei Fragen zu unserem umfangreichen Programm oder Anregungen freuen wir uns über Ihren Anruf oder Ihre Post. Loben Sie uns, aber scheuen Sie sich auch nicht, Ihre Kritik mitzuteilen – sie hilft uns, ständig besser zu werden.

Das Produktmanagement erreichen Sie unter:
pm@frechverlag.de

oder: frechverlag
Produktmanagement
Turbinenstraße 7
70499 Stuttgart
Telefon 07 11 / 8 30 86 68

LERNEN SIE UNS BESSER KENNEN!
Fragen Sie Ihren Hobbyfach- oder Buchhändler nach unserem kostenlosen Magazin Meine kreative Welt. Darin entdecken Sie dreimal im Jahr die neuesten Kreativtrends und interessantesten Buchneuheiten.

Oder besuchen Sie uns im Internet! Unter www.topp-kreativ.de können Sie sich über unser umfangreiches Buchprogramm informieren, unsere Autoren kennenlernen sowie aktuelle Highlights und neue Kreativtechniken entdecken, kurz – die ganze Welt der Kreativität.

Kreativ immer up to date sind Sie mit unserem monatlichen Newsletter mit den aktuellsten News aus dem frechverlag, Gratis-Anleitungen und attraktiven Gewinnspielen.

IMPRESSUM

FOTOS: FRECHVERLAG GMBH, 70499 STUTTGART; LICHTPUNKT, MICHAEL RUDER, STUTTGART
PRODUKTMANAGEMENT UND LEKTORAT: Madeleine Fritz
LAYOUT: Katrin Röhlig
DRUCK: Drukarnia Dimograf Sp.zo.o./Polen

1. Auflage 2015

© 2015 frechverlag GmbH, 70499 Stuttgart

ISBN 978-3-7724-8011-9 • Best.-Nr. 8011